새편집 초등학생을 위한

원고지 쓰기

편집부편

차 례

초등학생을 위한

원고지 쓰기

1.왜 원고지 쓰기를 하는가

> 글로 표현하는 데에는 설명글과 대화글 및 인용글 등이 있습니다. 이때 읽는 이의 이해를 돕기 위해 글을 정리할 필요가 있습니다.

예1

이제 추수도 끝나고 농사일이 없으니까 총각이 하직 인사를 해. "그동안 일 잘 배우고 갑니다. " 그래서 할아버지가 "우리가 자네 신세를 많이 졌는데 새경이나 받아가지고 가게."하고 새경을 쳐주려니까" 저는 새경 받으려 한 일이 아니라 은혜를 갚으려고 일한 것뿐이니 염려 마십시오." 하고 말하는 거야.

예2

	이	제		추	수	도		끝	나	고		농	사
일	이		없	으	니	까		총	각	이		하	직
인	사	를		해	.								

"그동안　　일　　잘　　배우고

갑니다."

　　그래서　　할아버지가

　　"우리가　　자네　　신세를　　많

이　　졌는데　　새경이나　　받아

가지고　　가게."

하고　　새경을　　쳐주려니까

　　"저는　　새경을　　받으려　　한

일이　　아니라　　은혜를　　갚으

려고　　한　　것뿐이니　　염려

마십시오."

하고　　말하는　　거야.

　예1은 원고지 쓰기에 맞춰 쓰지 않은 글이며, 예2는 원고지 쓰기에 맞춰 쓴 글입니다. 두 예문을 보면 왜 원고지 쓰기를 배워야 하는지 쉽게 이해가 가리라 믿습니다.

2. 원고지의 첫머리 쓰기

원고지의 첫머리에는 글의 종류, 제목 및 부제와 소속, 성명 등을 씁니다.

1. 글의 종류 쓰기

예1 (　)

	동	시										

예2 (　)

	동		시									

예3 (0)

| | ⟨ | 독 | 후 | 감 | ⟩ | | | | | | | |

| | | | | | | | | | | | | |

| | | | | | | | | | | | | |

| | | | | | | | | | | | | |

글의 종류는 원고지의 첫줄의 둘째 칸부터 씁니다. 이 때 [예1]이나 [예2]와 같이 그냥 글의 종류만 써도 되며, '동 시',나 '동화', '수필' 등과 같이 띄어 써도 됩니다. 또 [예3]에서와 같이 ⟨ ⟩ 표시를 하기도 합니다.

2. 제목과 부제 쓰기

제목은 둘째 줄의 중앙에 씁니다.

예1 (0)

| | ⟨ | 수 | 필 | ⟩ | | | | | | | | | ← 첫째줄

| | | | | | | 봄 | | 비 | | | | | ← 둘째줄

| | | | | | | | | | | | | | ← 셋째줄

예2 (O)

	〈	동	시	〉									

		봄	의		숨	박	꼭	질					

예3 (O)

	〈	기	행	문	〉								

		강	원	도		해	돋	이		구	경		

예4 (X)

	〈	논	설	문	〉								

제목에는 부호를 사용하지 않습니다.

			전	기	를		아	껴	쓰	자	.		

예5 (○)

| 〈 | 논 | 설 | 문 | 〉 | | | | | | | | | | |

| | | 전 | 기 | 를 | | 아 | 껴 | 쓰 | 자 | | | |

예6 (○)

| 〈 | 독 | 후 | 감 | 〉 | | | | | | | | | | |

| | | 동 | 물 | · | 식 | 물 | 의 | | 생 | 존 | 방 | 식 | |

예7 (x)

| | 〈 | 독 | 후 | 감 | 〉 | | | | | | | | |

| | | 동 | 물 | · | 식 | 물 | 의 | | 생 | 존 | 방 | 식 | |

제목은 원고지 왼쪽 첫 칸부터 씁니다.

9

제목이 길 때는 두 줄에 씁니다.

예1 (O)

	〈	산	문	〉									
			내	가		제	일						
				좋	아	하	는		계	절			

제목을 두 줄로 쓸 때는 둘째 줄의 글이 첫째 줄보다 한 칸 들여 씁니다.

예2 (O)

	〈	조	사	문	〉								
			옛	날	의			난	지	도			
				지	금	의			자	연	공	원	

예3 (O)

		〈	전	기	〉								
		팔	만	대	장	경	과						
				고	려	의		대	몽	항	쟁		

제목에서는 말 줄임표(. . . . . .)를 사용하지 않습니다.

예1 (○)

〈	시	〉									

		모	란	이		피	기	까	지	는	

예2 (×)

〈	시	〉									

		모	란	이		피	기	까	지	는	. . . . . .

제목에는 말 줄임표를 사용하지 않습니다.

연습문제 1

✏️ 다음은 원고지의 제목 쓰기입니다. 바르게 쓴 것에 (O)표,
틀리게 쓴 것에는 (x) 표를 해 봅시다.

문제1 ( )

〈	동	시	〉									
					달							

문제2 ( )

			〈	독	후	감	〉					
–	소	나	기	를		읽	고	–				

12

문제3 ( )

〈	산	문	〉								
				엄	마	의		생	일		

문제4 ( )

〈	동	화									
	〈	옛	날	옛	적	에	〉				

문제5 ( )

〈	동	화	〉								
				〈	전	학		오	던	날	〉

✏️ 다음은 원고지의 제목 쓰기입니다. 그러나 바르게 쓰지 못하였습니다. 이를 바로 잡아 주십시오.

문제1

〈	동	시	〉								

						아	침	이	슬		

고침1

문제2

							〈	동	시	〉	

	아	침	이	슬							

고침2

문제3

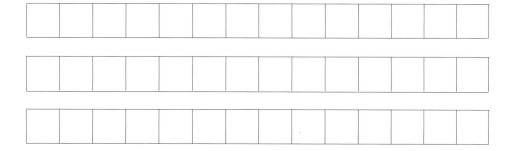

〈	동	시	〉										
		아	침	이	슬								

고침3

문제4

〈	독	후	감	〉									
	안	중	근		선	생	의		나	라		사	랑
이	야	기											

고침4

문제5

	〈	기	행	문	〉								
	신	라		천	년	의		고	도		경	주…	

고침5

문제6

〈	독	후	감	〉									
	주	시	경		선	생	의		한	글		사	랑

고침6

다음 문제를 원고지 쓰기에 맞게 써 봅시다.

1. 동시 – 서울로 간 철이

2. 독서 감상문 – 생명의 순환을 보고 –'드림의
   생명을' 읽고

3. 동화 – 밤하늘

4. 기행문 – 수련회를 다녀와서

5. 논설문 – 지구를 살리자

6. 산문 – 흔들의자

문제1

문제2

문제3

문제4

문제5

문제6

3. 소속과 이름 쓰기

원고지는 제목 아래의 한 줄을 비우고 난 뒤 다음 두 줄에 소속과 이름을 쓰나 보통은, 소속은 셋째 줄의 오른 편에, 이름은 넷째 줄의 오른편에 씁니다.

예1 ( )

〈	논	설	문	〉							
				책	을		읽	자			
				명	지		초	등	학	교	
				4	의	2		김	동	근	

소속과 이름은 오른쪽에 원고지 두 칸을 남겨놓고 씁니다.

예2 ( )

〈	독	후	감	〉							
			아	기		참	새		찌	꾸	
				미	아		초	등	학	교	
				5	의	2		강	상	진	

예3 (O)

〈	동	시	〉					
		봄의	소	리				
			이	문	초	등	학	교
			4	의 5		이	영	희

예4 (x)

소속과 이름은 오른쪽에 두 칸을 남겨놓고 써야 합니다.

〈	기	행	문	〉				
		수	련	회	를	다	녀	와 서
		계	성	초	등	학	교	x x
			4	의 2		최	문	진

예5 (O)

〈	동	화	〉					
		학	교	가	는	길	목	
			상	신	초	등	학	교
			5	의 3		조	옥	희

예6 (O)

〈	설	명	문	〉								

				나	비	의		일	생			

					청	주		초	등	학	교	

							이		영		희	

예7 (O)

〈	독	후	감	〉								

				늑	대	와		소	년			

							최		문		진	

예8 (x)

〈	동	시	〉									

				꽃	밭	에	서					

						강	릉		초	등	학	교

						5	의	1		박	상	철

연습문제 2

다음 제목과 소속, 이름을 원고지에 바르게 써 봅시다.

1

.글의 종류 : 기행문

.제목 : 수련회를 다녀와서

. 소속 : 미동 초등학교

.이름 : 이철용

2

.글의 종류 : 조사문

.제목 : 나비의 일생

. 소속 : 안산 초등학교

.이름 : 최문식

3

.글의 종류 : 동시

.제목 : 아기별

. 소속 : 광주 초등학교 4학년 5반

.이름 : 문성진

4

.글의 종류 : 산문

.제목 : 우리 가족

.소속 : 미원 초등학교 5학년 1반

.이름 : 박미희

5

. 글의 종류 : 동화

. 제목 : 배꼽 아저씨

. 소속 : 중랑 초등학교 4학년 2반

. 이름 : 오미현

6

. 글의 종류 : 독서 감상문

. 제목 : 성웅 이순신 장군

. 소속 : 광덕 초등학교 4학년 5반

. 이름 : 박상문

	.											

7

.글의 종류 : 논설문

.제목 : 고운말을 사용하자

. 소속 : 5학년 2반

.이름 : 남궁 민

8

. 글의 종류 : 설명문

. 제목 : 속담의 세계

. 소속 : 효제 초등학교

. 이름 : 남중빈

9

. 글의 종류 : 동시

. 제목 : 바람 소리

. 소속 : 홍은 초등학교

. 이름 : 홍준호

3. 원고지의 본문 쓰기

1. 본문 쓰기

본문은 소속 다음에 한 줄을 띄고 쓰며, 이때 첫째 칸을 비우고 둘째 칸부터 씁니다.

예1 ( )

		울	보		바	보		이	야	기

제목

						글		윤	병	구

소속

	옛	날		어	느		마	을 에		무	서	운
병	이		돌	았	대	.	무	슨		병	인	데
그	렇	게		무	섭	냐	고	?		응	,	그	런
병	이		있	어	.	눈	알	은		빨	갛	게
달	아	오	르	는	데		가	슴	은		얼	음	덩
이	처	럼		꽁	꽁		얼	어	붙	는		병	.

본문

예2 (x)

| | 옛 | 날 | | 어 | 느 | | 마 | 을 | 에 | | 무 | 서 | 운 |

옛날　어느　마을에　무서운
병이　돌았대.　무슨　병인데
그렇게　무섭냐고?　응, 그런
병이　있어.　눈알은　빨갛게
달아오르는데　가슴은　얼음덩
이처럼　꽁꽁　얼어 붙는 　병.

원고지 쓰기는 한 칸에 한 자만 씁니다.

예3 (0)

이렇게　되자　마을에서　가
장　나이가　많은　마을　어르
신　노릇을　하고　있는　할아
버지는　걱정이　태산　같아.
별　수　없이　할아버지는　길
을　떠나시기로　했어.　사람들

32

	옛	날	에		할	아	버	지	하	고		할	머
니		단	둘	이		사	는		집	이		있	었
대	.	두		사	람	이		농	사	를		짓	고
사	는	데	,	한		해	는		겨	울	에		눈
이		너	무		많	이		와	서		그		동
네		사	람	들	이		나	무	를		못		해

2. 앞칸(첫칸) 비우기

글이 처음 시작될 때, 첫째 칸을 비우고 둘째 칸부터 씁니다.

예1 (0)

	웃	음	의		하	루		권	장	량	은		아
주		큰		소	리	로		1	회	에		10	초
이	상		하	루	에		10	회		이	상	이	다 .
웃	음		권	장	량	을		채	우	는		사	람
은		몇		명	이	나		될	까	?			

문단이 바뀌어 다음 문단이 시작할 때도 첫째 칸을 비우고 둘째 칸부터 씁니다. 이때 앞 문단의 빈칸은 채우지 않고 비워둡니다.

예2 (0)

삶	의		뒷	전	으	로		내	몰	았	던		웃
음	을		되	찾	아	야		한	다	.			
	웃	음	은		여	러		가	지		면	에	서
도	움	을		준	다	.	첫	째	,	웃	음	은	

예4 (0)

호	감	을		주	어		사	회	적	인		성	공
을		낳	는		밑	거	름	이		되	기	도	

한	다	.											
	넷	째	,		웃	음	은		회	사	나		학	교
생	활	에	서	도		긍	적	적	인		역	할	을
한	다	.		연	구		결	과	에		따	르	면
회	사		내	에	서		웃	음	은		사	기	를

예4 (x)

호	감	을		주	어		사	회	적	인		성	공
을		낳	는		밑	거	름	이		되	기	도	

한	다	.											
넷	째	,		웃	음	은		회	사	나		학	교	생
활	에	서	도		긍	적	적	인		역	할	을	
한	다	.		연	구		결	과	에		따	르	면

 다음은 원고지의 본문 쓰기입니다. 본문 쓰기의 앞칸 비우기에 맞춰 원고지에 써 봅시다.

문제1

> 할아버지는 이렇게 이 마을 저 마을 돌아다니시는데 어디나 마찬가지야. 무서운 돌림병이 온 나라를 휩쓸어서 모든 마을이 다 텅텅 빈 것처럼 손님이 와도 아무도 거들떠 보지 않아.

문제2

> 할아버지 일행은 어느덧 깊은 산속에 접어들었어. 시냇물을 건너는데 때마침 봄이어서 시냇물에 연분홍 꽃잎이 떠내려와. 참 곱지. 오랜만에 노새도 시냇물로 목을 축이고, 반딧불이도 풀잎 그늘 밑에서 쉬고 있는데, 어. 고운 꽃잎 사이로 뭐가 떠내려오네. 눈여겨보니 댓잎으로 만든 조그마한 배야.

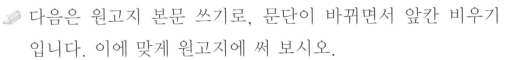

다음은 원고지 본문 쓰기로, 문단이 바뀌면서 앞칸 비우기입니다. 이에 맞게 원고지에 써 보시오.

문제3

> 　그러니까 동네 젊은이들이 그냥 돌아갔어. 그리고 이튿날, 할아버지가 행랑채를 비워 주니까 모두들 그것을 헐어서 나누어다가 땔감으로 썼대. 그래서 겨울을 잘 났지.
> 　그렇게 하고 나서 이듬해 봄이 되었거든. 봄이 되니까 이제 농사를 시작해야 된단 말이야. 할아버지, 할머니는 늙어서 농사 지을 힘이 없으니까 머슴을 구해다가 농사를 지어야 한단 말이야.

（空欄の解答欄）

웃음이 가득한 밝은 얼굴은 자석처럼 사람을 끌어
당기고 호감을 주어 사회적인 성공을 낳는 밑거름
이 되기도 한다.
　넷째, 웃음은 회사나 학교생활에도 긍정적인 역할
을 한다. 연구 결과에 따르면 회사 내에서 웃음은
사기를 높여주고, 화합을 하게 하고, 창의력을 유
발하여 생산성을 높인다고 한다.

（原稿用紙の空欄）

것 하나도 제대로 하지 못하고 시간이 지나가 버릴 때도 있습니다.

　아침 시간에 여유 있게 공부할 준비를 하면 좋겠습니다. 이렇게 바쁘게 아침 활동을 하고 나면 수업 시간에 집중이 더 안 되는 것 같습니다.

（原稿用紙の空欄）

<table>
<tr><td></td><td></td><td></td><td></td><td></td><td></td><td></td><td></td><td></td><td></td><td></td></tr>
</table>

<table>
<tr><td></td><td></td><td></td><td></td><td></td><td></td><td></td><td></td><td></td><td></td><td></td></tr>
</table>

<table>
<tr><td></td><td></td><td></td><td></td><td></td><td></td><td></td><td></td><td></td><td></td><td></td></tr>
</table>

문제6

센돌이, 칠복이, 까망쇠가 앞서거니 뒤서거니 헐레벌떡 쫓는데, 눈밭에서 갈팡질팡하던 노루 한 마리가 바위 뒤로 쏙 숨었어요.

"꼼짝 마라!"

까망쇠가 몸을 훌쩍 날려 노루를 덮쳤어요.

<table>
<tr><td></td><td></td><td></td><td></td><td></td><td></td><td></td><td></td><td></td><td></td><td></td></tr>
</table>

<table>
<tr><td></td><td></td><td></td><td></td><td></td><td></td><td></td><td></td><td></td><td></td><td></td></tr>
</table>

<table>
<tr><td></td><td></td><td></td><td></td><td></td><td></td><td></td><td></td><td></td><td></td><td></td></tr>
</table>

<table>
<tr><td></td><td></td><td></td><td></td><td></td><td></td><td></td><td></td><td></td><td></td><td></td></tr>
</table>

<table>
<tr><td></td><td></td><td></td><td></td><td></td><td></td><td></td><td></td><td></td><td></td><td></td></tr>
</table>

<table>
<tr><td></td><td></td><td></td><td></td><td></td><td></td><td></td><td></td><td></td><td></td><td></td></tr>
</table>

3. 대화 쓰기

대화는 전체를 한 칸 들여 씁니다. 따라서 대화와 설명하는 글이 섞여 있을 때는 설명하는 글은 다른 글과 같은 규칙을 따르며, 대화는 전체를 한 칸 들여써야 합니다.

예1 ( )

아	이	들	이		동	시	에		쳐	다	봤	어	요	.
칠	판	에		무	엇	을		그	리	던		선	생	
님	도		돌	아	섰	어	요	.						
		"	무	슨		일	이	야	"					
	선	생	님	이		놀	란		눈	으	로		쳐	
다	보	며		물	으	셨	어	요	.					
		"	보	람	이	가		윤	정	이	를		때	렸
어	요	!	"											
		"	윤	정	이	더	러		피	부	색	이		틀
리	다	고		했	어	요	!	"						
		여	기	저	기	서		아	이	들	이		말	했

대화는전체를 첫칸을 비워 본문과 구별이 되게 합니다.

예2 (○)

	선	생	님	은		바	닥	에		떨	어	진	
색	종	이	를		주	우	면	서		말	을		거
셨	어	요	.										

	"	윤	정	아	,		괜	찮	니	?		어	디
	다	친		데	는		없	어	?	"			

| | " | … | … | 괜 | 찮 | 아 | 요 | . | " | | | | |

예3 (○)

	투	두	둑	,		툭	툭	,					
	갑	자	기		비	가		내	리	기		시	작
했	습	니	다	.									

한 대화가 끝나면 줄을 바꿔야 하며, 이때는 원고지의 칸이 남아도 채우지 않고 비워 둡니다.

	"	우	산		가	져	왔	어	?	"			
	"	아	니	.	"								
	"	금	방		그	칠	까	?	"				
아	이	들	이		창	밖	을		바	라	보	고	

43

예4 (○)

　　"자, 애들아! 조용히 하
　고……. 수업 마저 해야지."
　　빗줄기가 점점 굵어졌습니
다. 하늘은 어두컴컴해지고
운동장 여기저기 흙탕물이
작은 시내를 이루고 있습니
다.
　　수업을 마치는 종이 울렸
습니다.
　　"내일 헌 종이 가지고
오는 것 잊지 말고.

예5 (x)

운동장 여기저기 흙탕물이
작은 시내를 이루고 있습니
다.

수업을 마치는 종이 울렸습니다. "내일 헌 종이 가지고 오는 것 잊지 말고. 청소 당번은 청소 끝나면 검사 맡으러 올 것!"

예6 (0)

　　"차렷, 경례!"
　　"선생님, 고맙습니다."
　　선생님이 나가자마자 드르륵 뒷문이 열렸습니다.
　　"진수야, 할미 왔다. 어서 나온."
　　"우아, 할머니다!"
　　진수는 신이 나서 가장 먼저 교실을 나갔습니다.

예7 (O)

		"	차	렷	,		경	례	!	"				
		"	선	생	님	,		고	맙	습	니	다	.	"
	선	생	님	이		나	가	자	마	자		드	르	
륵		뒷	문	이		열	렸	습	니	다	.			
	"	진	수	야	,		할	미		왔	다	.		어 서
	나	온	.	"										
	"	우	아	,		할	머	니	다	!	"			
	진	수	는		신	이		나	서		가	장		
먼	저		교	실	을		나	갔	습	니	다	.		

예8 (x)

		"	차	렷	,		경	례	!	"				
		"	선	생	님	,		고	맙	습	니	다	.	"
선	생	님	이		나	가	자	마	자		드	르	륵	
뒷	문	이		열	렸	습	니	다	.					

대화가 끝
나고 설명
하는 글이
시작할 때
도 첫칸을
비우고 씁
니다.

46

		"진	수	야	,		할	미		왔	다	.		어	서

"진수야, 할미 왔다. 어서
나온."

"우아, 할머니다!"
진수는 신이 나서 가장 먼
저 교실을 나갔습니다.

이어지는 대화문에서 줄을 바꿔 새로 시작할 때도 첫칸을 비우고 씁니다.

예9 (x)

"소은아! 뭐 해? 빨리
청소하고 집에 가야지."
"응? 으응." "오늘은
네가 청소 검사 맡으러 가
는 날이다. 알지?"
은영이는 내게 빗자루를
건네며 말했습니다. "으응."
현관은 엄마를 기다리는
아이들과 아이들을 데리러

"오늘은 네가…"에서 줄을 바꿔야 합니다.

✏️ 다음은 대화 쓰기입니다. 대화 쓰기에 맞춰 아래 원고지
에 써 봅시다.

문제1

> "선생님, 청소 다 했어요."
> "그래? 그럼 얼른 집에 가야지. 우산은 가져왔니?"
> "아...... 아니요."
> "응, 그렇구나, 그럼 오늘은 우리 둘 다 비를 맞고 가
> 겠네. 나도 우산이 없거든."
> 나는 가방을 메고 현관으로 나왔습니다. 현호와
> 성찬이는 딱지를 접느라 정신이 없었습니다.

문제2

아직 비구름이 두껍게 드리워져 있었습니다. 쌀쌀해선지 팔에 소름이 돋았습니다.

그때였습니다.

"애들아! 너희 라면 먹고 갈래?"

선생님이 현관에 나와 계셨습니다.

"라면요?"

우리는 눈이 휘둥그래졌습니다.

"네에에에!"

문제3

> "이름이 뭐니?"
> "능금동자."
> 아이는 짤막하게 대답했어요.
> "고향은 어디인고?"
> "부모님은 누구시니?"
> "여기엔 무슨일로?"
> 사람들이 아무리 물어도 능금동자는 그저 뱅실뱅
> 실 웃을 뿐이었지요.

문제4

“윤정아, 괜찮니? 어디 다친 데는 없어?”

“……. 괜찮아요.”

윤정이도 창피했는지 작은 목소리로 말하며 책상과 의자를 일으켜 세워 자리에 앉았어요.

“보람이도 괜찮니?”

선생님이 물으셨어요.

(6 empty writing grid rows)

문제5

> "애들아, 너희들 그거 아니? 비구름 뒤엔 항상 파란 하늘이 있다는 거."
> 선생님은 하늘을 올려다보며 말씀하셨습니다.
> "네에?" 우리는 모두 쪼르르 창에 매달렸습니다.
> "저기 저 검은 먹구름 뒤엔 늘 파란 하늘이 있단다. 여기서는 안 보이지만...... ."

(2 empty writing grid rows)

4. 끝칸 쓰기

낱말이 줄의 끝에서 끝나고 줄을 바꾸어 띄어쓰기 할 때도 첫째 칸부터 채워씁니다.

예1 (O)

	우	리		학	교	는		날	마	다		8	시	v
30	분	까	지		등	교	하	도	록		정	해	져	v
있	습	니	다	.		그	리	고		9	시	에		1
교	시	를		시	작	하	는	데		그		사	이	
30	분		동	안		요	일	마	다		다	른		

원고지 끝 칸에서 글 이 끝나고 다음을 띄 어야 할 때 도 첫칸을 비우지 않 습니다. 이때는 원 고지 밖에 띄어쓰기 표를 해도 됩니다.

예2 (x)

	우	리		학	교	는		날	마	다		8	시	
v	30	분	까	지		등	교	하	도	록		정	해	
져		있	습	니	다	.		그	리	고		9	시	에
v	1	교	시	를		시	작	하	는	데		그		
사	이		30	분		동	안		요	일	마	다		

원고지 끝 칸에서 글 이 끝나고 다음을 띄 어야 할 때 줄을 바꾼 첫칸을 띄 어서는 안 됩니다.

예3 (○)

죽	었	다	.		예	주	가		쓴		문	장	들	은	∨
흉	내		내	기	도		벅	찼	다	.					
		'	예	주	는		천	재	야	.	'				
		김	민	호	는		그	렇	게		생	각	했	다	.
		그	날	은		'	가	을	'	이	라	는		제	
목	으	로		생	활	문	을	'	써		보	라	고		

예4 (×)

죽	었	다	.		예	주	가		쓴		문	장	들	은	
∨	흉	내		내	기	도		벅	찼	다	.				
		'	예	주	는		천	재	야	.	'				
		김	민	호	는		그	렇	게		생	각	했	다	
.		그	날	은		'	가	을	'	이	라	는		제	
목	으	로		생	활	문	을		써		보	라	고		
		선	생	님	이		말	씀	하	셨	다	.		민	호

원고지 끝
칸에서 글
이 끝나고
다음에 문
장부호를
쓸 때도 다
음 줄 첫칸
에는 쓰지
않습니다.

55

예5 (x)

육　선생님께서 "무슨　일이지
?"　하고　들여다　보시다가
창남이의　그　모습을　보고
놀라셨다.
　"한창남, 너, 옷이 왜 다
　∨그　모양이야?"

대화는 반드시 따로 한 칸을 잡아서 씁니다.

예6 (0)

육　선생님께서 "무슨　일이지?"
하고　들여다　보시다가　창남
이의　그　모습을　보고　놀라
셨다.
　"한창남, 너, 옷이 왜 다
　그　모양이야?"

예7 (0)

		맙	습	니	다	.		정	말		고	맙	습	니	다	."
장	운	은		머	리	가		바	닥	에		닿
도	록		절	을		했	다	.				
		"	어	디		네		물		한	번		마	셔	v
보	자	구	."									
		선	비	가		대	접	에		물	을		따	르

예8 (x)

		맙	습	니	다	.		정	말		고	맙	습	니	다
	."											
		장	운	은		머	리	가		바	닥	에		닿
도	록		절	을		했	다	.				
		"	어	디		네		물		한	번		마	셔
v	보	자	구	."								
		선	비	가		대	접	에		물	을		따	르

예10 (O)

	"	할	아	버	지	도		들	판	을		좋	아
	하	십	니	까	?	"							
		"	너	도		정	말	좋	아		하	느	냐?
		"	예	,	들	판	을		보	면		근	심	이
	있	다	가	도		편	안	해	집	니	다	.	"
		"	들	판	을		보	면		편	안	해	진	다?

예9 (X)

	"	할	아	버	지	도		들	판	을		좋	아
	하	십	니	까	?	"							
		"	너	도		정	말		좋	아		하	느	냐
	?	"											
		"	예	,	들	판	을		보	면		근	심	이
	있	다	가	도		편	안	해		집	니	다	.	"

예10 (○)

　윤정이는　스케치북을　펼쳤
어요. 그리고는　아깝지도　않
은지　한　장을　북　찢어　보
람이에게　내밀었어요.

　　"필요없다니까　왜　그래!"
　보람이는　윤정이의　팔을
밀쳤어요.

예10 (x)

　윤정이는　스케치북을　펼쳤
어요. 그리고는　아깝지도　않
은지　한　장을　북　찢어　보
람이에게　내밀었어요.
　　"필요없다니까　왜　그래!"
"　보람이는　윤정이의　팔을

59

연습문제 5

✏ 다음 원고를 '원고지 끝칸 쓰기'에 맞게 아래 원고지에 옮겨 써 봅시다.

문제1

		"	만	년		사	쓰	도		괜	찮	습	니	까
	?	"												
		"	무	엇	이	라	고	?		만	년		사	쓰
	?		만	년		사	쓰	가		무	엇	이	냐	
	?	"												
		"	맨	몸		말	입	니	다	.	"			

고침1

문제2

서		마	시	는	구	나	.		그	것	도		제	가

먼	저		마	시	고		어	른	한	테		주	고

…	…		참		이	상	도		하	다	.	'	

	"	시	원	하	고		달	차	근	한		게	

	아	주		좋	구	나	.		"				

고침2

문제3

왔	다	.	어	느		날	은		붓	과		종	이
,		먹	,		벼	루	를			주	었	다	.			
		"	헤	에	?	.		이	걸		저	한	테		주

고침3

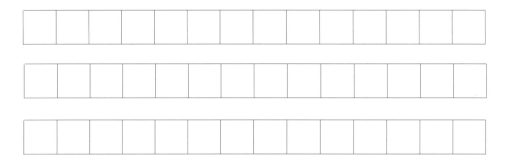

문제4

		"	저	기	다	!		노	루		잡	아	라	!
"														
		어	느		겨	울	날	,		칠	성	골		사	람

고침4

| | | | | | | | | | | | | | | |
| | | | | | | | | | | | | | | |

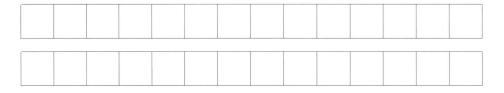

아	이	는		짤	막	하	게		대	답	했	어	요
.													
		"	고	향	은		어	디	인	고	?	"	

5. 두 칸 들여 쓰기

동시, 동요, 등을 쓸 때는 두 칸을 들여씁니다. 그러나 여기서도
이어진 글을 쓸 때는 한 칸만 들여씁니다.

예1

거미의 장난

거미 한 마리
천장에서 뚝 떨어진다
대롱대롱 공중에 매달려
가슴 덜컹하게 한다

저 녀석,
모르나 보다

저처럼 줄에 메달려
빌딩 벽을 청소하는
우리 아빠를

거미의 장난

거미 한 마리
천장에서 뚝 떨어진다
대롱대롱 공중에 매달려
가슴 덜컹하게 한다

저 녀석,
모르나 보다

저처럼 줄에 매달려
빌딩 벽을 청소하는
우리 아빠를

동시, 동요 등은 두 칸을 비우고 시작합니다.

65

저녁때

긴 치맛자락을 끌고
해가 언덕을 넘어갈 제,

새들은 고요하고
바람은 쉬고

풀잎은 고개 수그려
가시는 해님을 전송할 제,

이런 때가 저녁때랍니다.
이런 때가 저녁때랍니다.

				저	녁	때					

| | | | | | | | | | |

| | 긴 | | 치 | 맛 | 자 | 락 | 을 | | 끌 | 고 | |

| | 해 | 가 | | 언 | 덕 | 을 | | 넘 | 어 | 갈 | | 제 | , |

| | | | | | | | | | | |

| | 새 | 들 | 은 | | 고 | 요 | 하 | 고 | | |

| | 바 | 람 | 은 | | 쉬 | 고 | | | | |

| | | | | | | | | | | |

| | 풀 | 잎 | 은 | | 고 | 개 | | 수 | 그 | 려 | |

| | 가 | 시 | 는 | | 해 | 님 | 을 | | 전 | 송 | 할 |
| 제 | , | | | | | | | | | |

이때 문장이 이어질 때는, 첫칸만 비우고 둘째 칸부터 씁니다.

| | | | | | | | | | | |

| | 이 | 런 | | 때 | 가 | | 저 | 녁 | 때 | 랍 | 니 | 다 | . |

| | 이 | 런 | | 때 | 가 | | 저 | 녁 | 때 | 랍 | 니 | 다 | . |

| | | | | | | | | | | |

67

예3

어떤 사회에서나 투시하는 힘이 있어야 할 것이다. 좋은 감상은 발견의 노력이 없이 탄생하지 않는다. 육안 이상으로 응시하지 않으면 안 된다.

어린이가 잠을 잔다. 내 무릎 앞에 편안히 누워서 낮잠을 달게 잔다. 볕 좋은 첫여름 고요한 오후다.

퍽 고요한 광경이다. 아무나 다 보는 어린이의 자는 얼굴이지만 정관하는 시야에는 이만큼 놀라운 것들이, 이만큼 새로운 것들이 떠오른 것이다.

어	떤		사	회	에	나		투	시	하	는		힘
이		있	어	야		할		것	이	다	.	좋	은
감	상	은		발	견	의		노	력	이		없	이
탄	생	하	지		않	는	다	.	육	안		이	상

으로 응시하지 않으면 안
된다.

　　　　　　어린이가　잠을　잔다.　내
무릎　앞에　편안히　누워서
낮잠을　달게　잔다.　볕　좋
은　첫여름　고요한　오후다.

　퍽　고요한　광경이다.　아무
나　다　보는　어린이의　자는
얼굴이지만　정관하는　시야에
는　이만큼　놀라운　것들이,
이만큼　새로운　것들이　떠오
른　것이다.

인용문일
때는, 문장
전체를 한
칸 들여 씁
니다.

69

 다음 글은 동요, 동시입니다. 두 칸 들여쓰기에 맞게 원고지에
써 봅시다.

예1

> 나도 씨앗
>
> 나도 씨앗이다.
>
> 경찰관 씨앗.
>
> 눈에 보이지는 않지만
>
> 조금씩 크고 있는
>
> 작은 씨앗

예2

떡볶이

맵고 맵고 또 매워
이마에서 땀이 뚝뚝
그래도 호호거리며 먹고 싶어

벌써 입 속에 침이 고이는걸
'매워' 소리까지 함께 삼키면서
우리반 친구들과 오손도손 함께 먹고 싶어.

예3

묻고 답하는 노래

하나는 뭐니?

빗자루 다리

둘은 뭐니?

닭 다리

셋은 뭐니?

지게 다리

넷은 뭐니?

밥상다리

72

4. 글의 종류에 따른 원고지 쓰기

1. 희곡 쓰기

작은 암탉

·곳 ; 뒤뜰
·나오는 인물 : 작은 암탉, 소, 돼지, 강아지, 병아리들

제1막

해설자 : 작은 암탉이 병아리들과 뒤뜰로 산책을 나갔
　다가 밀 낟알을 발견하였습니다. 작은 암탉은 기뻐하
　며 친구들에게 뛰어가 함께 낟알을 심자고 합니다.
작은 암탉 : (밝은 목소리로) 소야, 나와 함께 낟알을
　심을래?
소 : 어, 나는 곤란한걸. 이렇게 피곤한 날은 일할 수
　없어.(드러눕는다.)
합창 : 게으름뱅이 소! 그래그래, 낮잠이나 자,
작은 암탉 : (돼지 옆으로 다가가며) 돼지야, 나와 함께
　낟알을 심을래?
돼지 : 어, 나는 곤란한걸, 난 지금 배고파서 안 돼. (밥
　을 먹는다.)

합창 : 욕심꾸러기 돼지! 그래그래, 실컷 먹기나 해.

작은 암탉 : (강아지를 바라보며) 강아지야, 나와 함께
　　낟알을 심을래?

강아지 : 어, 나는 곤란한걸. 난 지금 놀아야 해.(밖으
　　로 뛰어나간다.)

합창 : 장난꾸러기 강아지! 그래그래. 실컷 놀아라.

병아리들 : 엄마, 우리가 도울게요. 삐악삐악! (작은 암
　　탉에게 다가간다.)

해설자 : 그래서 작은 암탉은 병아리들과 낟알을 심었
　　습니다.

			작	은		암	탉					
곳	:	뒤	뜰									
나	오	는		인	물	:	작	은		암	탉	,
		소	,	돼	지	,		강	아	지	,	병아
		리	들									

				제	1	막						

	해	설	자	:	작	은		암	탉	이		병	아
	리	와		뒤	뜰	로		산	책	을			나
	갔	다	가		밀		낟	알	을		발	견	
	하	였	습	니	다	.		작	은		암	탉	은
	기	뻐	하	며		친	구	들	에	게		뛰	
	어	가		함	께		낟	알	을		심	자	
	고		합	니	다	.							

작은 암탉 (밝은 목소리로)

	소	야	,	나	와		함	께		낟	알	을	
	심	을	래	?									
소	:	어	,	나	는		곤	란	한	걸	.		이
	렇	게		피	곤	한		날	은		일	할	

희곡, 드라마 등의 글에서, 인물은 한 칸을, 대화는 두 칸을 들여 씁니다.

76

　　수　없어.　(드러눕는다.)

　합창 : 게으름뱅이　소!　　

　작은　암탉 : (돼지　옆으로

　　다가가며)　돼지야,　나와

　　함께　낟알을　심을래?

　돼지 : 어,　나는　곤란한걸

　　난　지금　배가　고파서

　　안　돼.　(밥을　먹는다.)

　합창 : 욕심꾸러기　돼지!

　　그래그래　실컷　먹기나

　　해.

　작은　암탉 : (강아지를　바

　라보며)강아지야,　나와

　　함께　낟알을　심을래?

　강아지 : 어,　나는　곤란한

걸. 난 지금 놀아야해.

(밖으로 뛰어나간다.)

합창: 장난꾸러기 강아지!

그래그래 실컷 놀아라.

병아리들: 엄마, 우리가 도

울게요. 삐약삐약! (작은

암탉에게 다가간다.)

해설자: 그래서 작은 암탉

은 병아리들과 낟알을

심었습니다.

2.독서 감상문 쓰기

2 독서 감상문

〈독서 감상문〉

'백설공주'를 읽고

안산 초등학교

4의 5 김융기

백설공주는 얼굴이 아름답고 마음 씨가 눈처럼 고운 소녀다. 어머니가 돌아가신 후, 새로 들어온 계모는 공주의 아름다움을 시기하여 공주를 죽이려고 한다. 공주는 숲 속 난쟁이들이 사는 집에 도망쳐 숨어 사는데, 이곳까지 쫓아온 계모가 준 독사과를 먹고 숨을 거둔다.

그러나 때마침 그 곳을 지나던 이웃나라 왕자에게 구출되어 왕자와 결혼한다는 이야기다.

나는 백설공주가 가엾기도 하지만 한편 왜 그토록 어리석은지 속이 상하기까지 하다.

〈독서감상문〉

'백설공주를' 읽고

안산 초등학교

4의6 김융기

　백설공주는 얼굴이 아름답
고 마음씨가 눈처럼 고운
소녀다. 어머니가 돌아가신
후, 새로 들어온 계모는 공
주의 아름다움을 시기하여
공주를 죽이려 한다. 공주는
숲 속 난쟁이들이 사는 집
에 도망쳐 숨어 사는데 이
곳까지 쫓아온 계모가 준
독사과를 먹고 숨을 거둔다.
　그러나 때마침 그 곳을

독서감상문, 논설문 등의 일반적인 글에서는 시작할 때 첫칸과, 문단이 바뀔 때에 첫칸을 비웁니다.

지	나	던		이	웃	나	라		왕	자	에	게	
구	출	되	어		왕	자	와		결	혼	한	다	는
이	야	기	다	.									
	나	는		백	설	공	주	가		가	엾	기	도
하	지	만		한	편		왜		그	토	록		어
리	석	은	지		속	이		상	하	기	까	지	
하	다	.											

3 편지문 쓰기

〈편지문〉

　어머니, 아버지께

　어머니, 아버지! 주말에 가족이 함께 나들이를 가면 좋겠어요.

　텔레비전에서 바람에 흩날리며 떨어지는 나뭇잎을 보니 직접 구경 가고 싶어졌거든요.

　그리고 한동안 아버지께서 바쁘셔서 우리 가족이 함께 나들이를 가지 못하여 좀 서운하기도 하였어요. 이번 주말에 아버지께서 바쁘시다면 다음 주에라도 함께 나들이를 가면 좋겠어요.

2014년 11월 30일

사랑스러운 딸 지언이가

〈편지문〉

　어머니, 아버지께

　어머니, 아버지! 주말에
가족과　함께　나들이를　가면
좋겠어요.

　텔레비전에서　바람에　흩날
리며　떨어지는　나뭇잎을　보
니　직접　구경　가고　싶어졌
거든요.

　그리고　한동안　아버지께서
바쁘셔서　우리　가족이　함께
나들이를　가지　못하여　좀
서운하기도　하였어요. 이번
주말에　아버지께서　바쁘시다

면		다	음		주	말	에	라	도		함	께	
나	들	이	를		가	면		좋	겠	어	요	.	

4. 산문 쓰기

〈산문〉

　　　　　　겨울과 박꼬치

　　눈내린 겨울밤에 초롱불 앞에서 책을 앞에 놓고 먹는 박꼬치의 맛을 가을의 박나무에 비길 바가 아니다. 설탕을 마음대로 먹을 수 없었던 그 당시의 어린이들은 겨울철에 엿을 즐겨 먹었다. 그런데 박꼬치는 엿 속에다 박속을 넣어 두었다가 꺼낸 것이다. 가을의 박속을 반 나물로 해서 먹는 대신

〈	산	문	〉								
			겨	울	과		박	꼬	치		
	눈	내	린		겨	울	밤	에		초	롱	불
앞	에	서		책	을		앞	에		놓	고	먹

는		박	꼬	치	의		맛	을		가	을	의	
박	나	무	에		비	길		바	가		아	니	다	.
설	탕	을		마	음	대	로		먹	을		수	
없	었	던		그		당	시	의		어	린	이	들	
은		겨	울	철	에		엿	을		즐	겨		먹	
었	다	.		그	런	데		박	꼬	치	는		엿	속	
에	다		박	속	을		넣	어		두	었	다	가	
꺼	낸		것	이	다	.		가	을	의		박	속	을	
반		나	물	로		해	서		먹	는		대	신	

5. 기행문 쓰기

〈기행문〉

남해 기행

7월 30일, 밤 9시 목포서 배를 탔다. 제주 도착은 31일 아침 4

시경, 바람이 없고 해상은 잔잔하다. 미구에 우수영에 이르다. 큰배가 동요하기 시작한다. 여기는 이 근역에서 가장 물살이 빠르고 위험한 곳이라 한다. 우수영, 이순신 장군이 왜적을 물리친 역사적 해전장이다.

〈	기	행	문	〉					
				남	해		기	행	
	7	월	30	일	,	밤	9	시	목 포
서	배	를		탔	다	.	제 주		도 착 은
31	일		아	침	4	시	경	,	바 람 이
없	고		해	상	은		잔	잔 하 다	. 미 구
에		우	수	영 에		이	르	다	. 큰 배 가
동	요	하	기		시	작	하	다	. 여 기 는
이		근	역	에	서		가	장	물 살 이
빠	르	고		위	험	한		곳 이 라	한 다 .

우	수	영	,		이	순	신		장	군	이		왜	적
을		물	리	친		역	사	적		해	전	장	이	
다	.													

6 동화 쓰기

〈동화〉

바위꽃과 아기별

어느 따뜻한 남쪽 나라.

물새 발자국 하나 없는 넓은 모래 벌판이 펼쳐져 있었습니다. 철썩철썩 물결치는 소리밖에는 아무 소리도 들리지 않았습니다.

바위 몇 개가 옹기종기 모여 있는 곳에 이상한 일이 생겼습니다. 어느 날 바람에 날려 꽃씨 하나가 이 바위 위에 떨어졌습니다. 그 씨는 점점 자라 빨간 꽃, 노란 꽃, 파란 꽃, 이렇게 알록달록 아름다운 꽃을 바위 위에 피웠습니다.

〈	동	화	〉											
			바	위	꽃	과		아	기	별				

어느　따뜻한　남쪽　나라

　물새　발자국　하나　없는

넓은　모래　벌판이　펼쳐져

있었습니다. 철썩철썩　물결치

는　소리밖에　아무　소리도

들리지　않았습니다.

　바위　몇　개가　옹기종기

모여　있는　곳에　이상한　일

이　생겼습니다. 어느　날　바

람에　날려　꽃씨　하나가　이

바위　위에　떨어졌습니다. 그

씨는　점점　자라　빨간　꽃,

노란　꽃, 파란　꽃, 이렇게

알록달록　아름다운　꽃을　바

위　위에　피웠습니다.

5. 문장 부호

　문장 부호는 부호 하나가 한 자로 취급되어 한 칸에 하나씩 적습니다. 그러나 마침표(.)와 쉼표(,)는 한 칸을 따로 차지하지 않습니다. 또 줄임표(......)는 두 칸에 걸쳐 적습니다.

마침표와 .　쉼표 ,

예

	웃	음	은		여	러		가	지		면	에	서
도	움	을		준	다.		첫	째,		웃	음	은	

가운데점 ·

예

	시	장	에		가	서		사	과	·	배	·	복
숭	아	·	고	추	·	마	늘		등	을		사	

물음표와 ?　느낌표 !

예

	"	소	은	아	!		뭐		해	?		빨	리
청	소	하	고		집	에		가	야	지.		오	

쌍점 :

> **예**

	소	:	어	,	나	는		곤	란	한	걸	.		이
	렇	게		피	곤	한		날	은		일	할		
	수		없	어	.		(	드	러	눕	는	다	.	)
	합	창	:	게	으	름	뱅	이		소	!			

큰따옴표 "" 와 작은따옴표 ' '

> **예**

	"	여	러	분		예	로	부	터		'	민	심
	은		천	심	이	다	'	라	고		하	였	습
	니	다	.	"									

말줄임표 •••••

> **예**

	"	윤	정	아	,	괜	찮	니	?		어	디	
	다	친		데	는		없	어	?	"			
	"	…	…	괜	찮	아	요	.	"				

89

연습문제 1

12쪽-문제1-0   12쪽-문제2

		〈	독	후	감	〉					

		–	소	나	기	를		읽	고	–	

13쪽-문제3-0

13쪽-문제4

〈	동	화									

			〈	옛	날	옛	적	에	〉		

13쪽-문제5

〈	동	화	〉								

		〈	전	학		오	던		날	〉	

14쪽-고침1

〈동시〉

　　　　　아침이슬

15쪽-고침2

〈동시〉

　　　　아침이슬

16쪽-고침4

〈독후감〉

　　안중근　선생의

　　나라　사랑　이야기

17쪽-고침5

　　〈기행문〉

신라　천년의　고도　경주

17쪽-고침6

〈독후감〉

　주시경　선생의

　한글　사랑

17쪽-문제1

〈동시〉

서울로　간　철이

19쪽-문제2

〈독서감상문〉

－생명의　순환을　보고－

'드림갭의　생물'을　읽고

19쪽-문제3

〈동화〉

| | | | | 밤 | 하 | 늘 | | | | |

| | | | | | | | | | | |

19쪽－문제4

| 〈 | 기 | 행 | 문 | 〉 | | | | | | |

| | | 수 | 련 | 회 | 를 | | 다 | 녀 | 와 | 서 |

| | | | | | | | | | | |

20쪽－문제5

| 〈 | 논 | 설 | 문 | 〉 | | | | | | |

| | | | | | | | | | | |

| | | 지 | 구 | 를 | | 살 | 리 | 자 | | |

| | | | | | | | | | | |

20쪽－문제6

| 〈 | 산 | 문 | 〉 | | | | | | | |

| | | 흔 | 들 | 의 | 자 | | | | | |

| | | | | | | | | | | |

연습문제 2

24쪽-문제1

〈	기	행	문	〉								
			수	련	회	를		다	녀	와	서	
				미	동		초	등	학	교		
							이	철	용			

25쪽-문제2

〈	조	사	문	〉								
			나	비	의		일	생				
				안	산	초	등	학	교			
							최	문	식			

26쪽-문제3

〈	동	시	〉									
			아	기	별							
			광	주		초	등	학	교			
	4	학	년		5	반		문	성	진		

26쪽-문제4

〈	산	문	〉							

			우	리		가	족			

				미	원		초	등	학	교

		5	학	년		1	반		박	미	희

127쪽-문제5

〈	동	화	〉							

			배	꼽		아	저	씨		

				중	랑		초	등	학	교

		4	학	년		2	반		오	미	현

27쪽-문제6

〈	독	서	감	상	문	〉				

			성	웅		이	순	신		장	군

				광	덕		초	등	학	교

							박	상	문	

28쪽-문제7

	〈	논	설	문	〉							
			고	운	말	을		사	용	하	자	
					5	학	년		2	반		
								남	궁		민	

29쪽-문제8

	〈	설	명	문	〉							
			속	담	의		세	계				
				효	제		초	등	학	교	.	
								남	중	빈		

30쪽-문제9

	〈	동	시	〉								
			바	람	소	리						
				홍	은		초	등	학	교		
								홍	준	호		

36쪽-문제1

	할	아	버	지	는		이	렇	게		이		마
을		저		마	을		돌	아	다	니	시	는	데
어	디	나		마	찬	가	지	야	.		무	서	운
돌	림	병	이		온		나	라	를		휩	쓸	어
서		모	든		마	을	이		다		텅	텅	
빈		것	처	럼		손	님	이		와	도		아
무	도		거	들	떠		보	지		않	아	.	

37쪽-문제2

	할	아	버	지		일	행	은		어	느	덧	
깊	은		산	속	에		접	어	들	었	어	.	시
냇	물	을		건	너	는	데		때	마	침		봄
이	어	서		시	냇	물	에		연	분	홍		꽃
잎	이		떠	내	려	와	.	참		곱	지	.	오
랜	만	에		노	새	도		시	냇	물	로		목

97

을 축이고 반딧불이도 풀잎

그늘 밑에서 쉬고 있는데,

어. 고운 꽃잎 사이로 뭐가

때려오네. 눈여겨보니 댓잎

으로 만든 조그마한 배야.

38쪽-문제3

그러니까 동네 젊은이들이

그냥 돌아갔어. 그리고 이튿

날, 할아버지가 행랑채를 비

워어주니까 모두들 그것을

헐어서 나누어다가 땔감으로

썼대. 그래서 겨울을 잘 났

지.

그렇게 하고 나서 이듬해

봄이 되었거든. 봄이 되니까

98

이제 농사를 시작해야 된단 말이야. 할아버지, 할머니는 늙어서 농사지을 힘이 없으니까 머슴을 구해다가 농사를 지어야 한단 말이야.

39쪽-문제4

웃음이 가득한 밝은 얼굴은 자석처럼 사람을 끌어당기고 호감을 주어 사회적인 성공을 낳는 밑거름이 되기도 한다.
　넷째, 웃음은 회사나 학교 생활에서도 긍적적인 역할을 한다. 연구 결과에 따르면 회사 내에서 웃음은 사기를

높여줘 화합을 하게 하고,

창의력을 유발하여 생산성을

높인다고 한다.

40쪽-문제5

것 하나도 제대로 하지 못

하고 시간이 지나가 버릴

때가 있습니다.

아침 시간에 여유 있게

공부할 준비를 하면 좋겠습

니다. 이렇게 바쁘게 아침

활동을 하고 나면 수업 시

간에 집중이 더 안 되는

것 같습니다.

41쪽-문제5

센돌이, 칠복이, 까망쇠가

앞서거니 뒤서거니 헐레벌떡

쫓는데, 눈밭에서 갈팡질팡하

던 노루 한 마리가 바위

뒤로 쏙 숨었어요.

　"꼼짝마라!"

　까망쇠가 몸을 훌쩍 날려

노루를 덮쳤어요.

연습문제 4

48쪽-문제1

　"선생님, 청소 다 했어요."

　"그래? 그럼 얼른 집에

가야지. 우산은 가져왔니?"

　"아……. 아니요."

　"응. 그렇구나. 그럼 오늘

은 우리 둘 다 비를 맞

고 가겠네. 나도 우산이

　없거든."

　나는　가방을　메고　현관으
로　나왔습니다.　현호와　성찬
이는　딱지를　접느라　정신이
없었습니다.

49쪽-문제2

　아직　비구름이　두껍게　드
리워져　있었습니다.　쌀쌀해
선지　팔에　소름이　돋았습니
다.

　그때였습니다.

　"애들아!　너희　라면　먹고
갈래?"

　선생님이　현관에　나와　계
셨습니다.

　　"라면요?"

　우리는　눈이　휘둥그래졌습
니다.

　　"네에에에!"

50쪽-문제3

　　"이름이　뭐니?"

　　"능금동자."

　아이는　짤막하게　대답했어
요.

　　"고향은　어디인고?"

　　"부모님은　누구시니?"

　　"여기엔　무슨　일로?"

　사람들이　아무리　물어도
능금동자는　그저　뱅실뱅실
웃을뿐이였지요.

51쪽-문제4

　　"윤정아, 괜찮니?　　어디

　다친　데는　없어?"

　　"……　괜찮아요."

　윤정이도　창피했는지　작은

목소리로　말하며　책상과　의

자를　일으켜　세워　자리에

앉았어요.

　　"보람이도　괜찮니?"

　선생님이　물으셨어요.

52쪽-문제6

　　"애들아, 너희들　그거　아

니?　비구름　뒤엔　항상

　파란　하늘이　있다는　거."

　선생님은　하늘을　올려다보

104

며　　말씀하셨습니다.

　　"네에？"

　　우리는　모두　쪼르르　창에

매달렸습니다.

　　"저기　저　검은　먹구름

뒤에　늘　파란　하늘이　있

단다．여기서는　안　보이지

만……．"

연습문제 5

60쪽-고침1

　　"만년　사쓰도　괜찮습니까？"

　　"무엇이라고？　만년　사쓰？

　　만년　사쓰가　무엇이냐？

　　"맨몸　말입니다．"

61쪽-문제2

서		마	시	는	구	나	.		그	것	도		제	가
먼	저		마	시	고		어	른	한	테		주	고	…·
참		이	상	도		하	다	.'						
	"시	원	하	고		달	차	근	한		게			
	아	주		좋	구	나	.	"						

62쪽-문제3

왔	다	.		어	느		날	은		붓	과		종	이	·
먹	·	벼	루	를		주	었	다	.						
	"헤	에	?		이	걸		저	한	테		주			

62쪽-문제4

	"저	기	다	!		노	루		잡	아	라	!	"
	어	느		겨	울	날	,		칠	성	골		사	람

106

아	이	는		짤	막	하	게		대	답	했	어	요	.
		"	고	향	은		어	디	인	고	?	"		

연습문제 6

					나	도		씨	앗					
		나	도		씨	앗	이	다	.					
		경	찰	관		씨	앗	.						
		눈	에		보	이	지	는		않	지	만		
		조	금	씩		크	고		있	는				
		작	은		씨	앗								

72쪽-예2

				떡	볶	이					

	맵	고		맵	고		또		매	워	

	이	마	에	서		땀	이		뚝	뚝	

	그	래	도		호	호	거	리	며		먹	고

싶	어										

	벌	써		입		속	에		침	이		고

이	는	걸									

		'매	워	'	소	리	까	지		함	께

삼	키	면	서								

	우	리	반		친	구	들	과		오	손	도

108

| | 손 | | 함 | 께 | | 먹 | 고 | | 싶 | 어 | | |
| | | | | | | | | | | | | |

73쪽-문제3

| | | | | | | | | | | | | |

| | | | 묻 | 고 | | 답 | 하 | 는 | | 노 | 래 | |

| | | | | | | | | | | | | |

| | | 하 | 나 | 는 | | 뭐 | 니 | ? | | | | |

| | | 빗 | 자 | 루 | | 다 | 리 | | | | | |

| | | 둘 | 은 | | 뭐 | 니 | ? | | | | | |

| | | 닭 | | 다 | 리 | | | | | | | |

| | | 셋 | 은 | | 뭐 | 니 | ? | | | | | |

| | | 지 | 게 | | 다 | 리 | | | | | | |

| | | 넷 | 은 | | 뭐 | 니 | ? | | | | | |

| | | 밥 | 상 | | 다 | 리 | | | | | | |

| | | | | | | | | | | | | |

109

새편집
초등학생을 위한

원고지 쓰기

초판 발행 2023년 11월 10일

글 편집부

펴낸이 서영희 | 펴낸곳 와이 앤 엠

편집 임명아

본문 인쇄 애드그린인쇄(주) | 제책 세림 제책

제작 이윤식 | 마케팅 강성태

주소 120-100 서울시 서대문구 홍은동 376-28

전화 (02)308-3891 | Fax (02)308-3892

E-mail yam3891@naver.com

등록 2007년 8월 29일 제312-2007-00004호

ISBN 979-11-978721-3-6　63710

본사는 출판물 윤리강령을 준수합니다.